Nadine Erler

Minna Canth - Autobiographie

Aus dem Finnischen übersetzt von Nadine Erler

GRIN Verlag

Bibliografische Information der Deutschen Nationalbibliothek:

Die Deutsche Bibliothek verzeichnet diese Publikation in der Deutschen National-
bibliografie; detaillierte bibliografische Daten sind im Internet über http://dnb.d-
nb.de/ abrufbar.

Impressum:

Copyright © 2011 GRIN Verlag, Open Publishing GmbH
Druck und Bindung: Books on Demand GmbH, Norderstedt Germany
ISBN: 978-3-656-36676-8

Dieses Buch bei GRIN:

http://www.grin.com/de/e-book/176262/minna-canth-autobiographie

GRIN - Your knowledge has value

Der GRIN Verlag publiziert seit 1998 wissenschaftliche Arbeiten von Studenten, Hochschullehrern und anderen Akademikern als eBook und gedrucktes Buch. Die Verlagswebsite www.grin.com ist die ideale Plattform zur Veröffentlichung von Hausarbeiten, Abschlussarbeiten, wissenschaftlichen Aufsätzen, Dissertationen und Fachbüchern.

Besuchen Sie uns im Internet:

http://www.grin.com/

http://www.facebook.com/grincom

http://www.twitter.com/grin_com

Minna Canth

Minna Canth

Autobiographie

Aus dem Finnischen übersetzt von Nadine Erler, MA

Erstveröffentlichung des finnischen Textes am 30.6.1891 in der Zeitung *Päivälehti* unter dem Titel *Omaelämäkerta*

Die folgende kurze Autobiographie hat Minna Canth auf Anfrage des norwegischen Schriftstellers Harald Hansen niedergeschrieben. Die norwegische Version des Textes erschien 1891 in der Maiausgabe der Zeitschrift *Samtiden*. Der finnische Originaltext ist auf der Internetseite: http://fi.wikisource.org/wiki/Minna_Canth_(omael%C3%A4m%C3%A4kerta) zu finden, eine schwedische Übersetzung auf http://www.gutenberg.org/cache/epub/26546/pg26546.txt

(Anm. d. Ü.)

Kuopio, 10. April 1891

Ich wurde 1844 in Tampere geboren, wo mein Vater, Gustaf Wilhelm Johnson, Direktor der größten Baumwollfabrik unseres Landes war. Von klein auf war ich sein Augapfel. Ich erinnere mich noch, wie er den Arbeitern, zu denen wir Kontakt hatten, auf seine etwas prahlerische Art von meinen großartigen Talenten erzählte. Und die Arbeiter hielten mich für ein Wunderkind, denn ich las schon mit fünf Jahren wie ein Pfarrer, sang Psalmen mit klarer Stimme und spielte dazu Harmonium.

Obwohl mein Vater nicht viel Geld hatte, sorgte er dafür, daß mir die bestmögliche Bildung zuteil wurde, die Mädchen in unserem Land bekommen konnten. Da es in Tampere keine Mädchenschule nach altem Muster gab, beschloß man, mich nach Turku zu schicken, und dann sollte ich Lehrerin werden. Das hielt er für das Höchste Stellung, was ein Kind erreichen konnte, das als so ungewöhnlich begabt galt.

Meine Mutter dagegen war nicht zufrieden mit ihrer Tochter, die ewig über ihren Büchern hockte und sich die Augen aus dem Kopf las, aber im Umgang mit der Nadel und beim Strümpfestricken höchst ungeschickt war und überhaupt kein Interesse an hauswirtschaftlichen Tätigkeiten hatte. Als ich acht Jahre alt war, zogen meine Eltern nach Kuopio, wo mein Vater einen Handel mit den Waren der genannten Fabrik eröffnete.

In Kuopio gab es eine dreiklassige schwedischsprachige Mädchenschule. Deshalb brauchte ich nicht nach Turku zu gehen, sondern durfte in unserer eigenen Stadt die

2

Erziehung genießen, die damals für ein junges Mädchen als angemessen und ausreichend angesehen wurde.

Als Kind hatte ich eine lebhafte Phantasie und ein tiefes Empfinden. Ich war sehr gläubig und hatte Visionen und Träume, in denen ich getadelt wurde, wenn ich etwas Falsches getan hatte, Trost fand, wenn ich bedrückt war, und Anleitung und Rat bekam, wenn ich bei wichtigen Anlässen nicht wußte, was ich tun sollte.

Ich glaubte, in direktem Kontakt mit Gott zu stehen. Wenn ich daran dachte, daß der Religionslehrer gesagt hatte, Gott würde oft die Kinder, die er am meisten liebte, zu sich rufen, hoffte ich, daß das auch mir passieren würde. Ich ersehnte den Tod so sehr, daß ich sogar an Selbstmord dachte, wagte aber trotzdem nicht, meine Absicht in die Tat umzusetzen, denn ich fürchtete die Sünde und die Strafe.

Als die Jahre vergingen und ich am Leben blieb, zweifelte ich einen Moment an der Liebe Gottes, weil er mich den vielen Versuchungen des Lebens aussetzte. Aber in der Überzeugung, daß sich dahinter eine tiefere Absicht verbarg, fand ich Trost und war sicher, daß auch ich eine Aufgabe auf der Welt hatte.

Nach meinem Schulabschluß war mir jedoch noch nicht klar, was für eine Aufgabe das sein sollte. Und in der Zwischenzeit erwachte in mir die Lebensfreude. Obwohl ich oft in tiefe Trübsal versank, stürzte ich mich manchmal leidenschaftlich in Tanz und Vergnügungen.

Ich erlebte auch meine ersten Lieben, die aber meistens nur von kurzer Dauer waren. Das Objekt meiner Zuneigung erschien ich mir am Anfang als die personifizierte Vollkommenheit, aber bald bemerkte ich seine kleinen Schwächen, und dann erlosch die Liebe mit einem Schlag. Einige junge Herzen "brachen", auch mein eigenes Herz brach ab und zu, aber es heilte bald wieder.

Ich wurde getadelt, aber noch viel mehr plagte mich mein eigenes Gewissen. Ich litt sehr darunter und dachte, ich sei nichts mehr wert. Aber das war keine Hilfe, die Gefühle wollten nicht gehorchen, und ich fürchtete schon, daß ich nie würde heiraten können, weil ich so wankelmütig war.

1863 wurde in Jyväskylä das erste Seminar unseres Landes für Volksschullehrer und Lehrerinnen gegründet. Und plötzlich wurde mir klar, daß ich hier einen Wirkungskreis finden würde, eine Aufgabe, für die ich würde leben können. Ich war eine der ersten

Studentinnen des Seminars. Begeistert von dem großen Gedanken der Volksschule, wollte ich mich diesem Dienst ganz und gar widmen, und das Jahr, in dem ich diese Absicht verwirklichte, war zweifellos das glücklichste meines Lebens. Aber schon im folgenden Jahr brach ich das Versprechen, das ich mir selbst gegeben hatte, und verlobte mich mit meinem Lehrer Johan Ferdinand Canth, Studienrat für Naturwissenschaften.

Kurz zuvor hatte der Seminarleiter mir gesagt: "Gott hat dich sicher zu seinem Werkzeug auserwählt. Gehorche ihm und werde Lehrerin. Wenn du heiratest, wirst du nie glücklich, denn du spürst, daß du dich gegen Gottes Willen aufgelehnt hast und deine eigenen Wege gegangen bist." Diese Worte habe ich nie vergessen. Ich hatte das Gefühl, daß eine Stimme in mir genau dasselbe sagte. Alle Widrigkeiten, die ich danach erlebte, hielt ich für eine Strafe für diese unverzeihliche Sünde.

Ich mußte mich nun von all meinen Idealen verabschieden, um Handarbeiten zu machen, zu kochen und mich um den Haushalt und die Familie zu kümmern – alles Dinge, für die ich keine Neigung hatte. Dennoch packte ich die Arbeit beherzt an, hörte auf, etwas anderes als Zeitungen zu lesen, und versuchte, meine Wünsche so weit wie möglich zu unterdrücken.

Eine Sache war mir klar: Ich mußte mich meinem Mann unterordnen. Das verinnerlichte ich so sehr, daß ich im ersten Ehejahr keinen einzigen eigenen Gedanken aussprach und der Wille meines Mannes für mich im wahrsten Sinne des Wortes Gesetz war. Ich wurde "unbeschriebenes Blatt" genannt (weil ich weder Gutes noch Böses tat), und man hielt mich daher für eine Null - vor allem, weil mein Mann keinen Wert darauf legte, sich den Forderungen des gesellschaftlichen Lebens in der Stadt anzupassen, woran viele Anstoß nahmen.

Später war ich ab und zu mutig genug, eine andere Meinung auszusprechen. Die wurde dann gründlich untersucht und als richtig erkannt. Die Folge war, daß mein Mann ein unbegrenztes Vertrauen in mein Urteilsvermögen entwickelte – auch in solchen Dingen, von denen ich gar nichts verstand.

Acht Jahre hatte ich nach geistiger Nahrung gehungert, als mein Mann Zeitungsherausgeber wurde. "Die Frau ist geschaffen, dem Mann zu helfen." Nun machte mein dummes Gewissen keine Schwierigkeiten. Ich durfte mich wieder geistigen Tätigkeiten widmen und tat es mit Freude und Begeisterung. Es war, als hätte ich ein neues Leben angefangen, und sofort überkam mich der Reformeifer. Ich schrieb leidenschaftliche Artikel gegen den Alkohol, und das erregte Aufsehen, denn die Nüchternheitsfrage stand in unserem Land noch nicht zur Debatte. Aber o Schreck! Ich hatte vergessen, daß dem Besitzer der Zeitung auch die Weinbrennerei gehörte. Er wurde sehr zornig und warf mir vor, daß ich "sein Brot verbrannt" hätte. Als das Jahr um war, war mein Mann nicht mehr Zeitungsherausgeber, und ich mußte mich wieder an die Nähmaschine setzen.

Nach zwei Jahren brach ein neuer Tag an. Eine neue Zeitung, größer als die vorige, wurde ins Leben gerufen, und mein Mann war der einzige Herausgeber. Mit doppelt großem Eifer griff ich wieder zur Feder und schrieb unter anderem einige Artikel über die Frauenfrage, die allerdings keinen Widerhall fanden; es war noch zu früh für diese Frage.

Dann gastierte ein finnisches Theater in unserer Stadt und führte unter anderem *Marianne*[1] und *Die kleine Fadette*[2] auf. Es machte tiefen Eindruck auf mich, und in mir erwachte das unwiderstehliche Bedürfnis, mich selbst auf dem Gebiet des Theaters zu versuchen. In meiner Naivität machte ich mich ohne Bedenken an die Arbeit und schrieb ein Volksschauspiel namens *Murtovarkaus*[3], in dem ein junges Mädchen dank der Intrigen eines bösen Zauberers zu Unrecht als Diebin verdächtigt wird. Die Wahrheit kommt ans Licht durch den Landstreicher Hoppulainen, einen fröhlichen Gesellen, leichtsinnig, gutherzig und die beste Figur des Stücks. Er ist mitten aus dem Leben gegriffen, jemanden wie ihn habe ich am Markttag in Jyväskylä gesehen.

Als das Stücks ungefähr halb fertig war, starb mein Mann an Gehirnhautentzündung. Nach dreizehn Jahren Ehe blieb ich zurück als Witwe mit sieben Kindern, von denen das jüngste fast sieben Monate nach dem Tod meines Mannes zur Welt kam. Mein Vater war ein paar Jahre zuvor gestorben, meine Mutter lebte noch, aber in bescheidenen Verhältnissen. Ich hatte niemanden, bei dem ich Zuflucht finden konnte,

---

[1]   Wahrscheinlich ist folgendes Stück gemeint: Sand, George: *Marianne,* erstmals erschienen 1876 (Anm. d. Ü.).

[2]   Sand, George: *Die kleine Fadette* (frz. *Petite Fadette*, finn. *Pikku Fadette*), erstmals erschienen 1849 (Anm. d. Ü.).

[3]   Canth,   Minna: *Murtovarkaus*,   Porvoo   1883.   Finnischer   Text   auf: http://fi.wikisource.org/wiki/Murtovarkaus. Deutsche Übersetzung: *Der Einbruch.* Norderstedt 2011 (Anm. d.Ü.).

und außerdem war ich krank. Die Zukunft erschien mir düster, ich wußte nicht, wie ich meine große Familie ernähren sollte. Mein Vater war in Konkurs gegangen, aber ich beschloß, nach Kuopio zu ziehen, um ein solches Geschäft zu eröffnen, wie er es betrieben hatte. Ich vollendete *Murtovarkaus*, schickte das Stück an das *Suomalainen Teatteri* und dachte, daß ich nun für immer auf das Schreiben würde verzichten müssen.

Nach der Geburt meines Kindes ließen meine Kräfte rapide nach. Der Kampf ums Überleben war zu hart für mich, und ich wäre fast zerbrochen. Drohend näherte sich der Wahnsinn. Eine schwere Depression bemächtigte sich meiner, und ich mußte eine Dienerin und meine älteren Kinder bitten, an meinem Bett zu wachen, denn eine unbegreifliche Macht verlangte von mir, mein neugeborenes Kind zu töten. Mein altes Ich kämpfte jedoch mit aller Kraft dagegen an und gewann schließlich. Die Krankheit hinterließ trotzdem ihre Spuren in Form einer quälenden Nervenschwäche, die das ganze Jahr anhielt.

Währenddessen hatte die Suomalainen Kirjallisuusseura mir einen Preis für *Murtovarkaus* verliehen. Das Stück wurde im Frühling 1882 uraufgeführt und lief dann sieben Abende in Folge mit großem Erfolg. Bisher wurde es in jeder Saison gespielt, und ich bekam weiterhin Anerkennung.

Inzwischen hatte ich meine geschäftlichen Angelegenheiten geordnet und sah, daß meine Zeit für eine weitere Arbeit reichte. Ich schrieb das Stück *Roinilan talossa*[4], ein idyllisches Sommerstück, in dem es nach Liebesverwicklungen zur Hochzeit kommt. Das Stück wurde 1883 aufgeführt und sowohl vom Publikum als auch von den Kritikern freundlich aufgenommen. In keinem einzigen dieser Stücke gab es irgendeine Tendenz – was das betraf, hatten auch die eifrigsten Wächter nichts anzumerken.

Und dennoch: Einige ehrenwerte Frauen waren entsetzt über den Leichtsinn der Autorin, die sich als Witwe und Mutter von sieben Kindern trotz ihrer schwierigen Lebensbedingungen hinsetzen und Theaterstücke schreiben konnte. Und außerdem hatten einige besonders wachsame Pfarrer schon an *Murtovarkaus* gefährliche Sittenlosigkeit und christenfeindliche Tendenzen entdeckt, über die sie sich in einigen Provinzzeitungen beklagten.

---

[4] Canth, Minna: *Roinilan talossa*, Porvoo 1885. Finnischer Text auf: http://fi.wikisource.org/wiki/Roinilan_talossa. Bisher nicht ins Deutsche übersetzt. Englische Übersetzung: *The Burglary and The House of Roinila*, Beaverton 2010 (Anm. d. Ü.).

Zur gleichen Zeit las ich Georg Brandes' *Hovedstrømninger*[5] und die Werke von Taine, Herbert Spencer, Stuart Mill und Buckle. Und ich spürte, daß ich endlich befreit war jenen Dogmen und Vorurteilen, die meine Seele in Fesseln gehalten und mein Gewissen mit allem möglichen Teufelszeug belastet hatten.

Mein Reformeifer erwachte wieder, und ich schrieb das Stück *Työmiehen vaimo*[6]. Darin kritisierte ich die Ungerechtigkeit der Gesetze gegenüber Frauen, unnatürliche Glaubensbegriffe, Trunksucht und Sittenlosigkeit der Männer und die Dummheit, Oberflächlichkeit und die Voreingenommenheit der Frauen, kurz, alles Schlechte, von dem ich wußte, daß es auf der Welt existiert – und zu jener Zeit konnte ich nichts Gutes daran bemerken. Das Stück ist voll bitteren Eifers, aber es enthält keine tiefere Psychologie und ist auch in künstlerischer Hinsicht nicht vollkommen. Dessen ungeachtet erzielte es eine gewaltige Wirkung, als es 1885 aufgeführt wurde. Einige hoben es in den Himmel, andere dagegen ließen ihrem Zorn freien Lauf. Ich wurde nicht verschont, es hagelte Vorwürfe und Beschimpfungen. Ich wurde als Atheistin dargestellt – Eltern verboten ihren Kindern, mein Haus zu betreten, ein großer Teil meiner Freunde zog sich von mir zurück, und die Verbleibenden brauchten viel moralischen Mut, um mich als Bekannte zu haben. Aber daran war keineswegs *Työmiehen vaimo* schuld. Ich hatte Artikel mit der gleichen Geisteshaltung für Zeitungen geschrieben, naturalistische Novellen und junge Leute verdorben, indem ich ihnen aus Brandes' *Hovedstrømninger* vorlas. Augenscheinlich gab es in unserem Land keinen schlechteren Menschen mehr als die Unterzeichnete. Die frommen Zeitgenossen erfanden und verbreiteten die unglaublichsten Dinge, wobei sie glaubten, gottgefällig zu handeln – man bedauerte die armen Kinder, die ein solches Ungeheuer zur Mutter hatten usw. Und natürlich wirkte das wiederum auf mich. *Työmiehen vaimo* war aus einem Gefühl des Lebenswillens, des Mutes und der Kraft entstanden, in dem sich aber vielleicht doch der Fanatismus eines kranken Nervensystems verbarg.

Dann kam eine plötzliche Wende. Die zu große nervliche Anspannung, die vielen Angriffe gegen mich und die Trauer über den Verlust der Freunde bedrückten mich.

---

[5]   Georg Brandes (1842 – 1927): *Hovedstrømninger det 19de Aarhundredes Litteratur,* Kopenhagen 1871 (Anm. d. Ü.).

[6]   Canth, Minna: *Työmiehen vaimo*, Porvoo 1885. Finnischer Text auf: http://fi.wikisource.org/wiki/Ty%C3%B6miehen_vaimo. Deutsche Übersetzung: *Die Frau des Arbeiters.* Barnstorf 2008 (Anm. d. Ü.).

Erneut litt ich an Depressionen und einem Gefühl der geistigen Lähmung, so daß man das Schlimmste befürchten mußte. Ich empfand eine unbeschreibliche Verbitterung gegen mein Land und dachte daran, auszuwandern.

Doch der Gedanke an meine Mission lebte noch in mir. Ich wollte bis zum letzten für die Unterdrückten kämpfen und um ihretwillen die ungerechte Behandlung ertragen. Und so schrieb ich *Kovan onnen lapsia*[7], eine Schilderung des Elends der Armut, die zu Hoffnungslosigkeit, Kriminalität und ins Gefängnis führte. Dieses Stück wurde 1888 nur ein einziges Mal aufgeführt und im gleichen Jahr gedruckt. Dann wurde es verboten – es galt als revolutionär und aufwiegelnd. Dazu kam noch etwas ganz Unerwartetes: Nicht nur die konservativen Kritiker verrissen das Stück, sondern auch – von einigen Ausnahmen abgesehen – die freigeistigen.

Ich war also auf dem Gebiet des Theaters kläglich gescheitert. Es schien sich nicht mehr zu lohnen, meine schriftstellerische Tätigkeit weiterzuführen. Dann bemerkte ich, daß Renans Worte wahr waren: "Viel Kraft und Weisheit braucht derjenige, den Pflichtgefühl, Ehrgeiz oder ein hartes Schicksal dazu bringt, sich in die Angelegenheiten der armen Menschheit einzumischen." Ich hielt es für das beste, mich eine Weile auf meinen Lorbeeren auszuruhen – zum großen Vorteil für mein Zuhause und meine Nerven.

Im folgenden Jahr starben zwei meiner besten Freunde und eine geliebte erwachsene Tochter. Und nun war mir, als sei ich mich an der Pforte der Ewigkeit angelangt. Ich bekam einen freieren, deutlicheren Begriff vom Leben. Schläge und Angriffe trafen mich nicht mehr, und ich fühlte mich nicht mehr berufen, selber welche auszuteilen. Ich zog mich aus dem Kampf zurück und wurde Zuschauerin.

Aber immer noch herrschten die schwierigen politischen Verhältnisse, die drohten, die Zukunft unseres Volkes zu verdüstern. Der letzte Rest Bitterkeit legte sich, und der Arbeitseifer erwachte von neuem. Ich hegte nicht mehr den leisesten Wunsch, mein Vaterland zu verlassen. Dann schrieb ich *Papin perhe*[8], eine unparteiische Beschreibung

---

[7] Canth, Minna: *Kovan onnen lapsia*, Helsinki 1888. Finnischer Text auf: http://fi.wikisource.org/wiki/Kovan_onnen_lapsia. Deutsche Übersetzung: *Unglückskinder*. Barnstorf 2008 (Anm. d. Ü.).
[8] Canth, Minna: *Papin perhe*, Helsinki 1891. Finnischer Text auf: http://fi.wikisource.org/wiki/Papin_perhe. Deutsche Übersetzung: *Die Familie des Pfarrers*, Barnstorf 2008 (Anm. d. Ü.).

eines Konflikts zwischen der alten und der jungen Generation. Dieses Stück wurde dieses Jahr am *Suomalainen Teatteri* fünfmal gezeigt, die Aufführungen in der Provinz nicht mitgezählt, und die Kritiker nahmen es beifällig auf.

Eigentlich bin ich mit nichts von dem zufrieden, was ich bisher geschrieben habe, aber ich hoffe, von jetzt an Besseres erschaffen zu können, weil ich noch 13 Jahre Zeit habe, bis ich sechzig werde beziehungsweise das Alter erreiche, in dem alle Schriftsteller "erschlagen gehören", wie es heißt.

Ich kann nicht mit Sicherheit sagen, wie oft meine ersten Stücke aufgeführt wurden, aber jedes Jahr wird eins von ihnen sowohl in der Hauptstadt als auch auf dem Land gezeigt, und sie werden oft bei Gesellschaftstheatern genutzt. *Työmiehen vaimo* wurde 1886 fünf- oder sechsmal am *Nya Teatern* in Stockholm aufgeführt.

Es fällt mir auch schwer, zu entscheiden, von welchem Elternteil ich meine schriftstellerische Neigung geerbt habe. Aber ich denke, so wie ich meine Gesichtszüge und die Kopfform von meinem Vater geerbt habe und meine Gesichtsfarbe von meiner Mutter, so sind auch die geistigen Eigenschaften ein Erbteil von beiden – das Gefühl habe ich von meiner Mutter und den Verstand von meinem Vater.

Ich sehe, daß ich sehr weit ausgeholt habe. Statt der kurzen Aufklärung, um die Sie eigentlich gebeten hatten, habe ich Ihnen eine lange Geschichte erzählt. Ich weiß nicht, warum, aber ich bekam plötzlich Lust, einmal einen Blick zurück auf vergangene Tage zu werfen. Nutzen Sie davon das, wofür Sie Verwendung haben, und verzeihen Sie, wenn ich Sie gelangweilt habe.

Mit vorzüglicher Hochachtung

Minna Canth

9